LOUIS

THUILLIER

PAR

PAUL DUPUY

*Notice lue devant l'Association amicale des Anciens Élèves de l'École
Normale, dans la séance du 13 Janvier 1884.*

LOUIS
THUILLIER

PAR

PAUL DUPUY

Notice lue devant l'Association amicale des Anciens Élèves de l'École Normale, dans la séance du 13 Janvier 1884.

LOUIS

THUILLIER

Louis Thuillier était né à Amiens, le 4 mai 1856. Son père, conducteur des ponts et chaussées, trouva dans sa position modeste les moyens de donner à ses six enfants une éducation libérale. Tous l'aidèrent eux-mêmes dans cette tâche difficile par leur intelligence, et aussi par une application au travail que soutint sans relâche l'énergique volonté de leur mère. Louis commença de bonne heure, au lycée d'Amiens, l'existence studieuse qui l'a conduit, d'une allure égale, jusqu'à l'acte de courage calme et réfléchi où l'attendait la brusque surprise de la mort. « C'était, disait naguère M. Pasteur, devant l'Académie des sciences, une nature profondément méditative et silencieuse. » — Tous les camarades, tous les amis d'école de Thuillier l'ont reconnu dans ces deux mots. Les personnes qui avaient vu ses débuts au lycée n'en ont pas été moins frappées; toutes s'accordent à dire que ses premiers succès d'adolescent, il les dut au même ensemble de fortes qualités qui lui assurèrent plus tard la première place dans ses études supérieures, et faisaient porter un si favorable augure de son avenir scientifique : c'était une volonté assez sûre d'elle-même pour ne céder jamais ni au découragement ni à l'emportement, une application toujours tenue en haleine par les exigences de son esprit ou les scrupules de sa conscience, une impatience de bien savoir qui n'admettait point la hâte d'un travail superficiel et ne goûtait que la persévérance et l'ordre, enfin, une mémoire toujours sûre et présente, à laquelle, une fois classé, rien n'échappait plus de ce qu'elle avait acquis. Cette maturité lui était venue de bonne heure, presque tout d'un coup : il prit très naturellement possession de lui-même à l'âge où la plupart s'ignorent, et un exercice assidu porta peu à peu ces qualités jusqu'au point où elles deviennent presque des vertus, où la vigueur de l'esprit se confond avec la noblesse du caractère. Ce qu'il était, il y a six mois, lorsqu'il quitta l'Ecole pour s'en aller mourir, il l'était, il y a six ans, quand nous le vîmes arriver parmi nous. Son aspect même n'a point changé : la mâle énergie dont parle M. Pasteur se dégageait déjà de sa personne ; il avait le visage d'un homme et il en avait l'âme.

Mais ceux qui ont vécu dans la familiarité de Thuillier ne trouveraient pas son portrait complet et ne le reconnaîtraient qu'à demi, si l'on se bornait à marquer les traits énergiques de sa physionomie. Quelque robuste que fût sa nature, elle s'était développée sans effort ni contrainte : il avait été à ses heures un enfant plein de bonne humeur et d'entrain ; il fut à l'Ecole, soit au milieu de sa section, soit dans le pe-

tit cercle des préparateurs et des surveillants, un camarade très original, très goûté pour l'irrégularité
de son mutisme et les intermittences de sa verve : se
dépensant parfois tout entier, partant en de véri-
tables fusées de plaisanterie, pour retomber ensuite
dans le silence et se confiner dans ses réflexions.
Nous l'y relancions souvent, car nous savions bien
qu'il n'y avait de sa part ni sauvagerie ni dédain : on
s'amusait à compter ses paroles, et lui-même en
riait, sans chasser pour cela les préoccupations qui
lui tenaient à l'esprit. Au reste, il amassait ainsi des
réserves de gaîté : nous ne perdions rien pour attendre. Surtout il avait, qu'il parlât ou qu'il dessinât,
un talent, très particulier et tout à fait naturel pour
la caricature ; c'était là, depuis son enfance, l'expres-
sion joyeuse de sa force d'attention. Quelques-unes
de ses charges ont diverti toute l'Ecole ; elles ne font
plus rire aujourd'hui ceux qui les ont conservées.

Il faut, pour achever de le peindre, dire non pas
combien nous l'aimions tous ; c'est le secret de nos
cœurs ; mais quelle confiance nous avions dans ses
sentiments, comme la liberté de son allure extérieure
laissait vite deviner la parfaite égalité de son caractère
et la sûreté de son affection. Lorsqu'il est mort,
nous avons tous senti se détacher de nous quelque
chose où nous avions assuré notre foi.

Il semble qu'il ne reste plus qu'à dire cette mort,
dont la nouvelle n'a pas connu d'indifférents et a im-
posé son souvenir à la mémoire de tous. Mais, si
courte qu'ait été la vie de Thuillier, tel que je l'ai

montré, elle lui avait suffi pour donner plus que des espérances ; et, d'ailleurs, ses six dernières années ne nous ont-elles pas appartenu tout entières ? C'est ici un pieux devoir de n'en rien passer sous silence.

Classé le troisième après le concours de 1877, Thuillier entra à l'Ecole pour ne plus la quitter. Il prit le premier rang à l'agrégation de physique en 1880, et ce succès décida de sa vie. Jusqu'alors il était resté incertain : bien des raisons pratiques l'engageaient à choisir, sans plus tarder, l'enseignement secondaire où il aurait fait rapidement son chemin ; son esprit était trop sage pour ne pas les avoir pesées. Mais, dès qu'il connut son rang à l'agrégation, plus d'hésitation : le goût de la recherche scientifique l'emporta. Une place de préparateur auprès de M. Pasteur était libre ; le succès de Thuillier le désignait pour l'occuper ; il la demanda comme une faveur du sort dont il ne se serait plus pensé digne, s'il s'y était dérobé. Tous ceux qui connaissaient son intelligence calme et hardie se réjouirent de le voir admis dans ce laboratoire illustré déjà par tant de grands travaux, et que la découverte de la vaccination charbonneuse allait rendre plus célèbre encore. A ce moment, en effet, l'étiologie du mal charbonneux venait d'être établie sûrement ; les études pratiques sur la préservation préventive allaient commencer. Thuillier ne perdit pas un instant pour acquérir les connaissances physiologiques qui lui permettraient de collaborer le plus utilement possible aux travaux de son maître. A sa sagacité naturelle, à son goût de l'investigation minutieuse et méthodique se joignit bientôt une grande habileté de main, et, six mois après son entrée au laboratoire, il prenait une part active aux fameuses expériences de Pouilly-le-Fort. La confiance qu'il avait inspirée était assez vive pour que, la même année, au mois de septembre 1881, il fût chargé d'expériences publiques de vaccination à l'Institut vétérinaire de Buda-Pesth. Elles réussirent pleinement, et, de sa propre initiative, il entreprit de les répéter à la ferme de Kapuvar. Cette fois il éprouva un insuccès partiel, mais il sut l'expliquer dans un rapport fort bien rédigé, qui montra toute la sûreté de son jugement. Après cette mission en Hongrie, il en reçut une en Prusse, au printemps de 1882 : honneur plus précieux encore, puisqu'il s'agissait là de porter la doctrine de M. Pasteur dans un pays où les attaques ne lui avaient pas été ménagées, et dont il n'était pas permis d'attendre un excès de bienveillance. Thuillier resta trois mois en Prusse et dirigea la double série d'expériences de Packisch et de Borschütz, qui montra la possibilité d'adapter la virulence relative des vaccins aux réceptivités particulières des animaux. Le succès fut officiellement constaté par le gouvernement prussien qui décerna à Thuillier la croix de chevalier de la couronne de Prusse (1).

Au laboratoire même, notre ami prit part aux travaux sur la rage, qui furent, en 1881 et 1882, l'objet

---

(1) Les divers rapports de Thuillier sur ses missions en Hongrie et en Prusse ont été publiés dans *le Charbon et la Vaccination charbonneuse, d'après les travaux récents de M. Pasteur*, par Ch. Chamberland. 1 vol. in-8°, p. 205 à 229.

de trois communications à l'Académie des sciences, où M. Pasteur plaça le nom de Thuillier à côté de celui de ses autres collaborateurs (1). En même temps, il s'occupait de la fièvre typhoïde des chevaux, et il allait bientôt entreprendre des études sur la peste bovine ; au moment où fut décidé le départ pour Alexandrie, M. Pasteur venait de lui confier pour cet objet une troisième mission en Russie, où l'attendait le prince Ouroussof, sous-gouverneur de la province de Toula. Mais ce qui lui fait plus particulièrement honneur, ce sont ses expériences sur le rouget des porcs ; la note de M. Pasteur à l'Académie, du 22 novembre dernier, en a dit toute l'importance (2). En mars 1882, Thuillier avait découvert le microbe de cette maladie, pendant une épidémie qui sévissait dans le département de la Vienne ; au mois de novembre suivant, il accompagna M. Pasteur à Bollène et l'aida dans les premières expériences de vaccination. On sait qu'elles ont donné de très remarquables résultats.

Enfin, à deux reprises, Thuillier fut chargé d'exposer en public les théories et les découvertes de M. Pasteur. La première fois, il raconta au concours agricole de Rosoy-en-Brie, le 10 septembre 1882, l'histoire de la vaccination charbonneuse (3); la seconde, il fit à l'Institut populaire du Trocadéro,

---

(1) *Comptes rendus des séances de l'Académie des sciences*, t. XCII, p. 1259, et t. XCV, p. 1187.

(2) *Comptes rendus des séances de l'Académie des sciences*, t. XCV, p. 1120 et t. XCVII, p. 1163.

(3) La conférence de Rosoy a été publiée dans l'*Eclaireur de Coulommiers* du 30 septembre 1882.

le 8 juillet 1883, une conférence sur la fermenta-
tion, écrite dans une langue très solide et très
claire (1).

Ce rapide aperçu du travail de Thuillier, pendant
les trois années qu'il est resté au laboratoire de chi-
mie physiologique de l'Ecole, suffit pour montrer
qu'à défaut de son courageux dévouement, son mé-
rite scientifique l'aurait certainement fait connaître
un jour. Il était devenu comme le missionnaire de
M. Pasteur en Europe. Un mot résumera tout : son
maître lui avait donné sa confiance sans réserve ;
il a dit de lui : « Par sa sagacité et son labeur,
c'était un des plus fermes soutiens de mon laboratoire. »

C'est au mois de juillet dernier que M. Pasteur
proposa au comité consultatif d'hygiène d'envoyer
en Egypte une mission qui étudierait sur place la nature du choléra. Comme il s'agissait d'appliquer dans
les recherches nouvelles ses théories sur les maladies
contagieuses, c'est parmi ses collaborateurs habi-
tuels que durent être choisis les membres de la mission. Lorsqu'on en parla à Thuillier, il demanda un
jour pour réfléchir, puis accepta. Sa résolution une
fois prise, s'il avait dû partir le lendemain, il aurait
sans doute réussi à éloigner de son esprit toute pensée
capable de l'ébranler. Mais entre l'idée première de
l'entreprise et le vote des Chambres qui fournit les

---

(1) On peut la lire dans *les Sciences, Revue de l'Institut populaire du Trocadéro* du 1er août 1883.

ressources indispensables, il s'écoula plusieurs se-
maines : le public avait été mis au courant de ce qui
se préparait, et, au milieu de l'émotion générale,
comment les objections que Thuillier avait pu
s'opposer tout d'abord ne se seraient-elles pas re-
présentées à lui sous une forme bien autrement pres-
sante ?

Ce n'est, certes, aucun d'entre nous qui eût songé
un instant à le détourner de sa résolution : nous ne
l'en aimions que mieux, à cause de son courage et de
sa simplicité, et nous y goûtions un secret plaisir.
C'étaient des questions et des causeries sans fin.
Plus d'un a souvent senti son cœur se serrer aux ré-
cits, aux descriptions que le pauvre garçon nous ap-
portait toutes fraîches de ses dernières lectures ;
mais l'entrain de la jeunesse emportait nos pressentiments : nous ne voulions compter que les chances
de succès, penser qu'à un glorieux retour. Ses parents pouvaient-ils, comme nous, ne regarder que
du côté de l'espérance et consentir sans résistance à
un départ aussi hasardeux ? Autrefois, en écartant le
choix de son fils de l'Ecole polytechnique, sa mère
avait voulu, disait-elle, donner un homme à l'Univer-
sité. Mais, si cet homme à son tour offrait sa vie pour
la science, elle ne connaissait plus que son enfant, et
elle voulait le reprendre. Dès qu'un journal eut fait
connaître aux parents de Thuillier la première nouvelle du grand projet, ils poussèrent un cri de dé-
tresse, le conjurèrent de ne point partir. Rien n'étant
alors décidé officiellement, il put encore les rassurer,
dans un moment où il n'était déjà plus libre, sur-

tout vis-à-vis de lui-même. Ce fut pour lui une grande souffrance, et nous en surprîmes plus d'une fois la trace sur son visage, que de se cacher ainsi des siens, pour accomplir ce que l'honneur semblait lui commander. Surtout sa dernière visite à Amiens le fit passer par une épreuve poignante : son père seul reçut la confidence de la vérité ; sa mère et sa sœur aînée ne purent que la soupçonner, car il leur annonça son départ pour la Russie. Sa sœur aimait à se promener avec lui sur la Somme : il l'y conduisit une dernière fois, et là, comme ils étaient tous deux seuls dans le bateau, elle arrêta brusquement les rames et lui dit : « Au moins, Louis, tu ne vas pas en Egypte ! » — « Jure-le moi ! » ajouta-t-elle, lorsqu'il lui eut dit non. Mais il lui répliqua de sa voix grave : « Tu sais bien qu'il ne faut jamais jurer de rien. » Pourtant il sut garder tant de calme, ne fût-ce que pour aider son père à supporter leur secret ; il se refusa si courageusement tout témoignage particulier de tendresse qui aurait pu donner l'éveil, qu'on le laissa partir sans plus de défiance. Une lettre de Marseille apprit aux pauvres femmes que leurs pressentiments ne les avaient pas trompées. Alors commença l'attente anxieuse des lettres. Elles ne pouvaient guère arriver que tous les huit jours : elles vinrent régulièrement, toutes pleines de paroles rassurantes et d'une bonne humeur qui n'avait rien de forcé ; car à mesure que le temps passait, les chances de contagion diminuaient, l'épidémie s'éteignait peu à peu, et, en même temps, s'allégeait de jour en jour le lourd fardeau que Thuillier avait emporté sur son cœur.

Il ne s'était en effet payé d'aucune illusion : avant le
départ, il avait, comme s'il n'eût pas espéré revenir,
mis de l'ordre dans ses papiers, dans ses notes d'expériences. Décidé à prendre minutieusement toutes les
précautions nécessaires pour diminuer le danger, il
n'en avait pas moins accepté d'avance l'idée de sa
mort. Mais lorsqu'il eut, à Alexandrie, passé quel-
ques jours au milieu des cadavres et fait un grand
nombre d'autopsies, sans éprouver le moindre ma-
laise, il prit vite la conviction que le fléau ne saurait l'atteindre et put repenser aux siens sans tris-
tesse.

Le résultat des recherches de la mission n'était pas
aussi complet qu'on l'aurait souhaité, quand les arrêta la décroissance de l'épidémie (1). Thuillier s'en
consolait presque en observant curieusement le
monde oriental, comme un voyageur déjà exercé, et
dont l'œil ne laisse échapper aucun détail intéres-
sant : tout le temps qu'il ne passait pas au laboratoire ou avec ses collègues, il le consacrait à la lecture
du livre d'Ebers sur l'Egypte; son esprit faisait le
voyage du Caire et des Pyramides. « Je suis en train
de devenir un vieil Arabe », écrivait-il gaiement à
son jeune frère, au lendemain d'une course à Tantah,
où il avait pris ses repas chez un indigène. C'était la
veille même du jour où il fut mortellement atteint.
Le 17 septembre, il y avait à peu près une quinzaine
qu'il n'avait plus fait d'autopsie. Il alla voir au lazaret

---

(1) La *Revue scientifique* du 24 novembre 1883 a publié le rapport
de M. le docteur Straus, au nom de la mission française, composée de
MM. Straus, Roux, Thuillier et Nocard.

d'Alexandrie un bœuf que l'on croyait atteint de la peste bovine et passa environ vingt minutes dans une salle où, pendant l'épidémie, on l'a su depuis, avaient séjourné et étaient morts des cholériques. C'est là, très probablement, qu'il a subi la contagion. Après une journée où il se montra très gai, il se coucha sans qu'aucun symptôme se fût déclaré ; à quatre heures du matin, le mal éclata tout d'un coup avec une violence telle qu'à sept heures toute espérance de le sauver avait disparu. Ses collègues ne l'en disputèrent pas moins à la mort avec l'acharnement du désespoir. « Toute tentative de traitement était inutile et même cruelle, m'a écrit M. Roux. Nous n'avons pu que prolonger l'agonie durant vingt-quatre heures. » Cette agonie, il l'a racontée dans une lettre à M. Pasteur, que tout le monde a lue ; je n'ajouterai rien à son récit. Mais ce que je veux dire ici, c'est combien, à notre tour, nous aimons ces trois amis de notre cher Thuillier : M. Straus, M. Nocard, et M. Roux sont nôtres, après une aussi cruelle épreuve. Au nom de tous les normaliens, et du plus profond de mon cœur, je dois aussi remercier ici Madame la supérieure et les sœurs de l'hôpital européen, les docteurs Ardouin, Chaumery et Sierra, ainsi que tous les médecins italiens et français d'Alexandrie, qui ont prodigué leurs soins au mourant, la mission allemande et son chef, M. Koch, accouru auprès de Thuillier dès la première alerte, qui ne le quitta plus, et qui a trouvé devant son cercueil de si nobles et de si émouvantes paroles. Nous remercions enfin la colonie française d'Alexandrie tout entière : elle a

assiégé la porte de la maison pendant la journée du
18 septembre; quelques-uns de ses membres ont
voulu descendre eux-mêmes le cercueil; tous l'ont ac-
compagné jusqu'au cimetière et ont résolu de perpé-
tuer au milieu d'eux le souvenir de Thuillier par un
monument qui est déjà commencé.

Et maintenant, il me reste à dire aux parents de
notre camarade combien, au milieu de l'universelle
sympathie qui les entoure, celle de l'Ecole leur sera
particulièrement attachée et fidèle. Mieux que personne nous savons tout ce qu'ils ont perdu. Quoique
Thuillier ne fût ni l'aîné ni le plus jeune de la fa-
mille, c'était sur sa tête que toutes les affections se
réunissaient : père, mère, frères et sœurs, tous s'ai-
maient en lui pour ainsi dire; il était leur joie, leur
orgueil, leur consolation dans les épreuves par les-
quelles il semble qu'ils aient dû se préparer au mal-
heur où se sont abîmées leurs plus chères espérances.
Il y a quatre ans, une de ses sœurs mourut, à peine
âgée de dix-huit ans; elle avait comme lui une âme
douce et forte; elle vit sa fin approcher, et, cherchant
quelles paroles pourraient la rendre moins triste à
ceux qui pleuraient autour d'elle, elle ne sut que ca-
resser leur pensée la plus familière, en leur disant :
« Je vous laisse Louis. » C'est que, depuis long-
temps, on vivait autour de lui dans l'attente. Lorsqu'il fut choisi par M. Pasteur, quand son nom figura
pour la première fois avec celui de MM. Chamberland et Roux, dans les communications de son maître
à l'Académie, on avait senti tout le prix de cet hon-

neur et éprouvé une joie profonde. A mesure que son ardeur au travail et sa sagacité lui faisaient accorder plus d'estime par M. Pasteur, qu'il prenait plus de place au laboratoire, et qu'il recevait des missions plus importantes à l'étranger, il semblait qu'on le vît s'avancer peu à peu vers la renommée scientifique rêvée pour lui dès sa première jeunesse. Sa mère se rappelait, avec l'orgueil de sa clairvoyance, les tête-à-tête sérieux et charmants d'autrefois, où elle lui disait, après ses succès d'écolier : « Louis, tu seras un homme célèbre, n'est-ce pas ? » Hélas ! la plus douloureuse des réalités a changé en un arrêt de mort le doux pressentiment maternel. La célébrité est venue, mais plus tôt qu'on ne l'attendait : elle a fait payer chèrement sa hâte. Oui, le nom de Thuillier est aujourd'hui sur les lèvres de la foule ; Amiens et Paris l'ont inscrit sur leurs murs ; nul n'entrera désormais dans cette maison sans le lire ; un autre nom, déjà maître de l'immortalité, l'y emportera à sa suite : tout cela, c'est de la gloire, c'est-à-dire un bruit bien médiocre et bien vain, puisqu'il ne saurait jamais consoler deux vieux parents qui pleurent loin du tombeau de leur fils.

Versailles
Imprimerie Cerf et Fils,
59, rue Duplessis.